EMG3-0221-N
合唱楽譜＜J-POP＞

J-POP CHORUS PIECE

合唱で歌いたい！J-POPコーラスピース

混声3部合唱

らいおんハート

作詞：野島伸司　　作曲：コモリタミノル　　合唱編曲：浅野由莉

●●● 曲目解説 ●●●

2000年にリリースされたSMAPの32枚目のシングルで、ミリオンセールスを記録した大ヒットナンバー。大切な人を守りたいという、男性から女性への愛や感謝が歌われており、結婚式でもよく使われる名ラブソング。温かい気持ちになれる一曲をぜひ歌ってみてください。

合唱で歌いたい！J-POPコーラス

らいおんハート

作詞：野島伸司　作曲：コモリタミノル　合唱編曲：浅野由莉

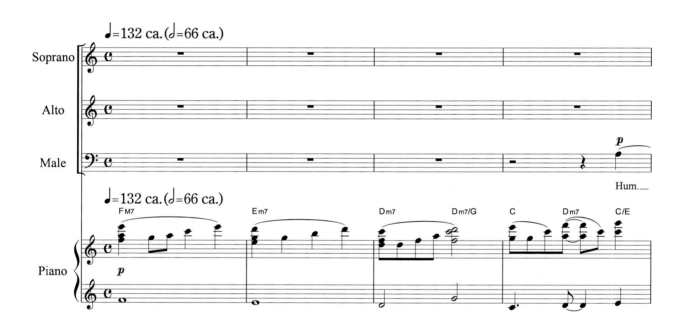
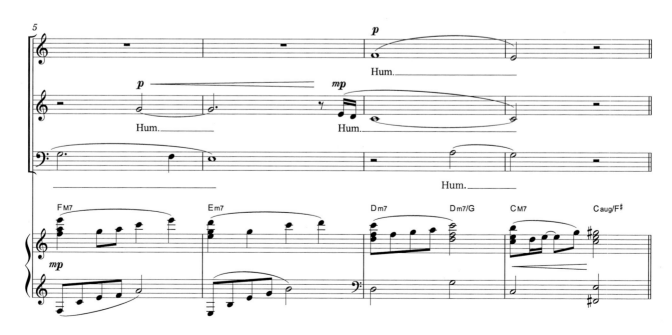

© 2000 by NIPPON TELEVISION MUSIC CORPORATION
& JOHNNY COMPANY, INC.

らいおんハート

作詞：野島伸司

君はいつも僕の薬箱さ
どんな風に僕を癒してくれる

笑うそばから　ほら　その笑顔
泣いたら　やっぱりね　涙するんだね

ありきたりな恋　どうかしてるかな

君を守るため　そのために生まれてきたんだ
あきれるほどに　そうさ　そばにいてあげる
眠った横顔　震えるこの胸　Lion Heart

いつか　もし子供が生まれたら
世界で二番目にスキだと話そう

君もやがてきっと巡り合う
君のママに出会った　僕のようにね

見せかけの恋に　嘘かさねた過去

失ったものは　みんなみんな埋めてあげる
この僕に愛を教えてくれたぬくもり
変わらない朝は　小さなその胸　Angel Heart

見せかけの恋に　嘘かさねた過去

失ったものは　みんなみんな埋めてあげる
この僕に愛を教えてくれたぬくもり
君を守るため　そのために生まれてきたんだ
あきれるほどに　そうさ　そばにいてあげる
眠った横顔　震えるこの胸　Lion Heart

エレヴァートミュージックエンターテイメントはウィンズスコアが
展開する「合唱楽譜・器楽系楽譜」を中心とした専門レーベルです。

ご注文について

エレヴァートミュージックエンターテイメントの商品は全国の楽器店、ならびに書店にてお求めになれますが、店頭でのご購入が困難な場合、当社WEBサイト・電話からのご注文で、直接ご購入が可能です。

◎当社WEBサイトでのご注文方法

elevato-music.com

上記のURLへアクセスし、オンラインショップにてご注文ください。

◎お電話でのご注文方法

TEL.0120-713-771

営業時間内に電話いただければ、電話にてご注文を承ります。

※この出版物の全部または一部を権利者に無断で複製（コピー）することは、著作権の侵害にあたり、
　著作権法により罰せられます。

※造本には十分注意しておりますが、万一、落丁・乱丁などの不良品がありましたらお取り替えいたします。
　また、ご意見・ご感想もホームページより受け付けておりますので、お気軽にお問い合わせください。